AF340880

Ces pertes, généralement imperceptibles à leur origine dans la cuvette du canal, devenaient apparentes au pied du talus extérieur de la grande levée, d'où elles semblaient sortir. D'autres ne se montraient qu'à une plus grande distance du canal, et paraissaient sous la forme de sources au milieu des champs voisins ; enfin dans certains endroits on ne voyait que de légers suintemens. Toutes ces pertes formant beaucoup de petits ruisseaux, se réunissaient en un seul avant de se jeter dans la Dheune.

C'est là que nous en avons fait le jaugeage au moyen d'un petit barrage percé d'un orifice rectangulaire (1). Nous avons trouvé que lorsque l'eau du canal était à 1 mètre 10 centimètres au-dessus du fond, c'est-à-dire à la tenue d'eau ordinaire, le produit des filtrations de Vertempierre était de 5,400 mètres cubes d'eau par jour : c'est le résultat de plusieurs jaugeages faits dans le mois de mai.

A 60 mètres du canal, et à 20 mètres au des-

____

(1) La correction relative à la contraction de la veine fluide ne pouvant être exacte qu'autant que l'orifice est à mince paroi, on avait eu la précaution de garnir de feuilles de fer blanc les bords de l'orifice du barrage.

Nous sommes certains que cette méthode de jauger est exacte, au moins entre de certaines limites ; nous avons fait, conjointement avec M. l'ingénieur en chef Tourneux, des expériences comparatives entre les produits théoriques de vannages semblables et les produits réels. Elles ont confirmé l'exactitude du rapport connu qui est de 0,64.

sous de son niveau, se trouvait l'ancienne fontaine de Vertempierre dont le produit paraissait considérable. Elle est séparée du canal par des rochers qui ne montraient aucunes traces d'humidité. Cependant quelques habitans prétendaient qu'elle diminuait pendant les chômages, et il était important de s'assurer si c'était un effet de la diminution générale des sources pendant l'été, ou d'une communication avec le canal.

Nous fîmes donc passer cette source par un orifice à mince paroi, percé dans un barrage établi en permanence au dessous de la fontaine. Chaque jour on prenait note de la hauteur de l'eau sur l'orifice. Ces observations commencées avant le chômage et continuées depuis, jusqu'après la reprise de la navigation, ont servi à déterminer le produit naturel de la source et les différentes quantités d'eau qu'elle recevait du canal, soit avant le commencement du chômage, soit depuis l'exécution des ouvrages entrepris pour l'étanchement.

On a trouvé qu'avant le chômage la fontaine donnait 8,400 mètres cubes d'eau par vingt-quatre heures, et qu'elle était réduite à 1,000 mètres cubes quand le canal était à sec. Il perdait donc par cette fontaine 7,400 mètres cubes, lesquels, ajoutés aux 5,400 mètres trouvés précédemment, donnent une perte totale de 12,800 mètres cubes (667 pouces).

On remarquera que ce dernier résultat n'ayant

été connu qu'après le commencement du chômage, le projet d'étanchement présenté avant
cette époque ne pouvait être relatif qu'aux filtrations dont on avait fait le jaugeage et qui ve-
naient bien évidemment du canal.

Les ouvrages exécutés pour les arrêter ont
consisté, à construire le canal sur 260 mètres de
longueur avec mur de soutenement et radier
général en maçonnerie de moëllon, dans laquelle toute la paroi intérieure mouillée par
l'eau, et sur 30 centimètres d'épaisseur seulement,
est faite avec mortier de chaux hydraulique.

On a par économie réduit la largeur du canal
à 6 mètres 10 centimètres pour le passage d'un
seul bateau dans les parties droites; dans la
partie courbe, on lui a laissé la largeur de onze
mètres entre les anciens murs; elle sert de gare
pour le croisement des bateaux.

Le succès de l'étanchement dépendait essentiel-
lement de la qualité hydraulique du mortier et du
remplissage parfait des joints de la maçonnerie.

Il était indispensable que le mortier fût hydraulique, car les maçonneries ne pouvaient être
terminées que quelques jours avant la reprise de
la navigation. Or, on sait que les mortiers ordinaires ne doivent pas subir l'immersion trop tôt
après la mise en œuvre (1); et si l'on eût douté

----

(1) Je citerai à l'appui un fait remarquable. En 1809,
j'eus occasion de rechercher les fondations de la corderie de
Rochefort construite dans le milieu du règne de Louis XIV;

de cette vérité, on en aurait trouvé la preuve à Vertempierre même, où quelques parties de vieux murs ayant été maçonnées, la surface des mortiers exposés à l'air avait seule quelque consistance, tandis que l'intérieur ne contenait que du sable pulvérulent, la chaux ayant été dissoute par l'eau du canal.

Le mortier a donc été fait avec de la chaux hydraulique, d'abord artificielle, parce qu'alors on n'en connaissait point de naturelle aux environs du canal.

La fabrication a été établie d'après les procédés de M. Vicat. On a fait cuire des mélanges de chaux ordinaire du pays et d'argile de Genelard en proportions convenables, et l'on a obtenu une chaux hydraulique d'une grande énergie.

Mais pendant le commencement de cette fabrication des recherches multipliées nous faisaient trouver dans le département de Saône-et-Loire, et sur les bords mêmes du canal, des pierres qui donnaient de bonnes chaux hydrauliques. Dès-lors on cessa la fabrication de la chaux ar-

---

elles sont établies sur grillage et plate-forme, lesquels, pour leur conservation, ont été placés au dessous du niveau ordinaire des eaux du terrain; les cases de ce grillage étaient remplies de maçonnerie dont le mortier constamment plongé dans l'eau avait la consistance de pâte molle, comme s'il venait d'être fait. Il ne faisait aucune effervescence avec les acides, sa saveur était âcre; exposé à l'air, il durcit au bout de quelques jours et faisait alors effervescence. Ce mortier avait plus de cent ans.

tificielle, et l'on continua les travaux avec les chaux naturelles.

Celles qui ont été principalement employées, sont: la chaux de la Perrière près Mâcon, d'Epiry à deux lieues de Saint-Léger, et de Drevin à une lieue du canal.

On faisait cuire la chaux dans les fours ordinaires du pays : les pierres à chaux hydraulique demandent en général un peu moins de chaleur que les pierres à chaux grasse ; plusieurs espèces éclatent par l'action trop prompte du feu. On exigeait donc des chaufourniers qu'ils eussent le soin de les casser et de les placer par dessus les pierres à chaux grasse dans la même fournée.

En général, le mortier était composé de six parties de chaux en pâte, sept parties de sable granitique tamisé, et trois parties de scories pulvérisées : le tout mesuré en volume et donnant environ onze parties de mortier.

Les scories provenaient d'un fourneau de verrerie abandonné ; leur qualité pouzzolanique était moyenne entre celle du ciment ordinaire et celle de la pouzzolane d'Italie.

Ces proportions ont un peu varié suivant les qualités des chaux. Il y en avait qui étaient assez énergiques pour être employées avec le sable seul, sans mélange de scories. Les proportions de celles-ci ont été augmentées graduellement sur la fin du chômage pour hâter la prise des mortiers, qui devaient être couverts d'eau peu de jours après leur emploi.

Pour éteindre la chaux hydraulique qui était emmagasinée sous un hangard, on se servait de grandes auges en bois bien étanchées ; on répandait également sur le fond de l'auge un tonneau de chaux vive sur laquelle on versait un tonneau d'eau ; peu de temps après, l'extinction commençait, alors on ajoutait un second tonneau de chaux et un second tonneau d'eau, et ainsi de suite.

Cette chaux, qu'on ne remuait point, était bien éteinte au bout de trente-six heures ; elle avait alors la consistance de la terre ordinaire ; pour l'employer on la battait avec de petites masses emmanchées comme les couteaux avec lesquels les Hollandais rebattent leur mortier durci. Au bout de quelques minutes elle était réduite en pâte molle que l'on pouvait triturer avec le sable.

Le mortier, toujours dosé exactement, était fait et conservé sous un hangard ; dans les plus fortes chaleurs on y ajoutait tout au plus un cinquantième d'eau ; au contraire, pour peu qu'il eût plu, le sable était trop mouillé et le mortier trop mou ; on était obligé d'employer une partie de la chaux à l'état pulvérulent ; à cet effet on avait toujours provision de chaux éteinte par immersion.

Le mortier était battu et corroyé avec les masses, les rabots et les couteaux à la hollandaise ; il était fait vingt-quatre heures avant d'être employé ; on le transportait par voiture du hangard à l'extrémité de l'atelier, où on le déposait sur une aire à l'abri de la pluie et du soleil ; de là il était repris et porté à la brouette sur les divers points qui en avaient besoin.

Nous avons cru devoir entrer dans quelques détails sur la fabrication du mortier et de son emploi, parce qu'il est compris pour moitié dans la dépense totale, et que d'ailleurs la manipulation des chaux hydrauliques n'est pas encore pratiquée généralement.

La maçonnerie hydraulique a demandé beaucoup de soin. Il fallait qu'elle fût parfaitement pleine pour fermer tout passage à l'eau. On n'y a employé que du moëllon d'une pierre assez vive ; ses dimensions étaient d'environ 10 centimètres d'épaisseur sur 20 à 30 centimètres de longueur et de queue. Outre les précautions ordinaires recommandées pour la bonne maçonnerie, on a tenu rigoureusement à ce que les moëllons ne fussent jamais posés sans être humides ; et à cet effet des enfans les mouillaient continuellement avec de menues branches d'arbre.

Le parement des murs latéraux a été monté facilement ; mais celui du radier formé de moëllons posés de champ et par rangs perpendiculaires à l'axe du canal, a présenté quelques difficultés. Le maçon n'étant pas aidé par le poids de la pierre, comme dans la pose d'une assise ordinaire, avait beaucoup de peine à serrer un rang de moëllons contre le précédent et à faire ressortir le mortier par les joints. Aussi le radier a-t-il exigé comparativement une plus grande quantité de mortier, dont le volume total a été le tiers de celui de la maçonnerie.

On jointoyait les paremens de suite, c'est-à-dire quelques heures après l'achèvement des maçonneries. Les joints n'étaient ni grattés, ni lissés, on s'attachait principalement à les bien remplir et à bien lier le mortier de la maçonnerie avec celui du jointoyement. Ce dernier était composé de sable plus fin et d'une plus grande quantité de scories.

La position du canal sur un talus escarpé apportait beaucoup d'entraves à la conduite des travaux ; les banquettes réduites à deux mètres de largeur après la démolition des anciens murs ne pouvaient suffire au dépôt des approvisionnemens, ni au mouvement des matériaux ; on ne pouvait établir de chemin latéral. On a donc été forcé de faire les transports sur le fond même du canal, et l'on a commencé à maçonner par l'extrémité la plus éloignée des approvisionnemens, pour éviter de passer sur la maçonnerie fraîche.

On a eu à lutter contre un obstacle qui a d'abord paru invincible ; c'était la trop prompte dessication du mortier. Au milieu de l'été, sur un sol aussi aride et exposé aux ardeurs du soleil dont les rayons se réfléchissaient dans la concavité du canal, la sécheresse et la chaleur étaient extrêmes. Le mortier des joints se gerçait d'autant plus promptement, que le moment de la prise était hâté par l'élévation de température, ainsi que l'a fait voir M. Vicat. Aussi les arrosemens et les paillassons ne remédièrent qu'imparfaitement à cet inconvénient ; mais un moyen aussi simple qu'économique nous a réussi au-delà de ce qu'on en attendait. On sait qu'une masse de sable exposée aux rayons du soleil conserve toujours son humidité intérieure à quelques centimètres de sa surface. D'après ce fait, nous fîmes jeter les approvisionnemens de sable dans la partie du canal achevée, pour en recouvrir les maçonneries immédiatement après le jointoyement. Deux talus appuyés contre les murs latéraux et une couche de cinq à six centimètres sur le fond ont entretenu les paremens dans une humidité continuelle.

Telles sont les principales difficultés qui se rencontrèrent dans l'exécution des travaux et auxquelles on doit ajouter les préjugés et la routine des ouvriers. Il a fallu pour les vaincre une surveillance active et opiniâtre. On a eu surtout beaucoup de peine à empêcher les maçons de mouiller le mortier, qui, par sa fermeté qui leur était nouvelle, était réellement plus difficile à employer.

La maçonnerie commencée le 11 août a été terminée le 27 octobre, et le 1er novembre l'eau a été mise au canal. Depuis cette époque, aucune filtration n'a reparu, et l'on n'aperçoit pas le plus léger suintement, là où jadis on voyait couler des ruisseaux.

La fontaine de Vertempierre, qui, dans les derniers jours du chômage, ne donnait plus que 55o mètres cubes d'eau par vingt-quatre heures, augmenta peu après la mise de l'eau dans le canal : au bout de cinq à six jours, son produit devint constant, il était alors de 4,5oo mètres cubes. En se rappelant qu'il était de 8,4oo mètres avant le chômage, on reconnaîtra qu'elle a été réduite de près de moitié.

Ainsi le résultat obtenu par les travaux de l'étanchement a été de conserver au canal plus de 9,ooo mètres cubes d'eau qui s'échappaient chaque jour par les pertes apparentes et par la fontaine. .

On remarquera que cette fontaine étant beaucoup plus rapprochée de la partie du canal où l'on n'a point travaillé que de celle qui a été maçonnée, il est à peu près certain que la communication qui subsiste encore a lieu par la première.

Nous nous sommes assurés que la maçonnerie a toute l'imperméabilité que l'on peut espérer ; nous en avons acquis la preuve par une expérience fort simple qui détruit tous les doutes. Elle a consisté à introduire l'eau dans la première moitié du canal maçonné, pendant qu'on achevait l'autre, à l'y renfermer entre deux bâtardeaux construits aux extrémités, et à mettre à sec les deux branches adjacentes.

L'eau retenue par les bâtardeaux est restée isolée comme dans un réservoir. Nous avons trouvé qu'alors son niveau ne s'était abaissé que de 15 millimètres par vingt-quatre heures ; et comme l'observation a été faite pendant plusieurs jours de suite, d'un temps fort sec, on doit attribuer une partie de cet abaissement à l'évaporation.

La dépense totale du canal maçonné a été de 27,600 francs ; ce qui fait revenir le mètre courant à 97 francs pour la partie étroite, et 140 francs pour le passage de deux bateaux.

Lés corrois étant regardés comme un des moyens les plus simples et les plus économiques pour étancher les canaux, il ne sera peut-être pas inutile de faire voir qu'ici leur application a été rejetée avec raison.

Les corrois et les murs de soutenement de Vertempierre ont coûté originairement 11,000 liv. ; mais c'était avant 1789 ; et d'après les prix actuels du canal ils auraient coûté le double, ou 22,000 fr. En compulsant les états de dépense du canal pour vingt-deux années consécutives , nous avons trouvé que leur entretien annuel avait été moyennement de 1,600 fr., lesquels peuvent être considérés comme intérêt d'un capital de 32,000 fr. employé à leur réparation. Ainsi leur dépense totale pour 400 mètres de longueur a été réellement de 54,000 fr. ; ce qui fait revenir le mètre courant à 132 fr.

Le canal maçonné exécuté à Vertempierre a coûté 140 fr. Les frais d'entretien se réduiront à quelques jointoyemens peu coûteux ; car l'excellence du mortier de chaux hydraulique est bien reconnue ; on sait qu'en vieillissant il devient plus solide et moins susceptible d'infiltration.

Ainsi, sous le rapport de la dépense, il y a presque parité ; mais quant au résultat, les corrois ne peuvent soutenir la comparaison ; ils n'ont jamais arrêté qu'une partie des filtrations. Pendant trente ans l'eau n'a cessé de couler plus ou moins par les pertes de Vertempierre, malgré les corrois et leurs réparations. Ils étaient donc nuisibles à la navigation dont ils prolongeaient le chômage. Cette considération seule devait les faire rejeter.

Les désavantages comparatifs des corrois tiennent ici à trois causes : la première est le bon marché de la pierre, le canal traversant une carrière ; la seconde, qui est la principale, est la mauvaise qualité des terres qu'on est forcé d'y employer ; la troisième est l'élévation extraordinaire du canal sur un coteau aride, ce qui produisait la gerçure des corrois pendant les chômages.

De pareilles circonstances peuvent se reproduire dans les canaux qui vont s'ouvrir en France, et nous avons pensé qu'il pouvait être de quelque utilité de faire connaître le résultat positif, obtenu au Canal du Centre.

Châlons-sur-Saône, ce 20 avril 1824.

Paris. De l'Imprimerie d'A. EGRON, rue des Noyers, n° 37.

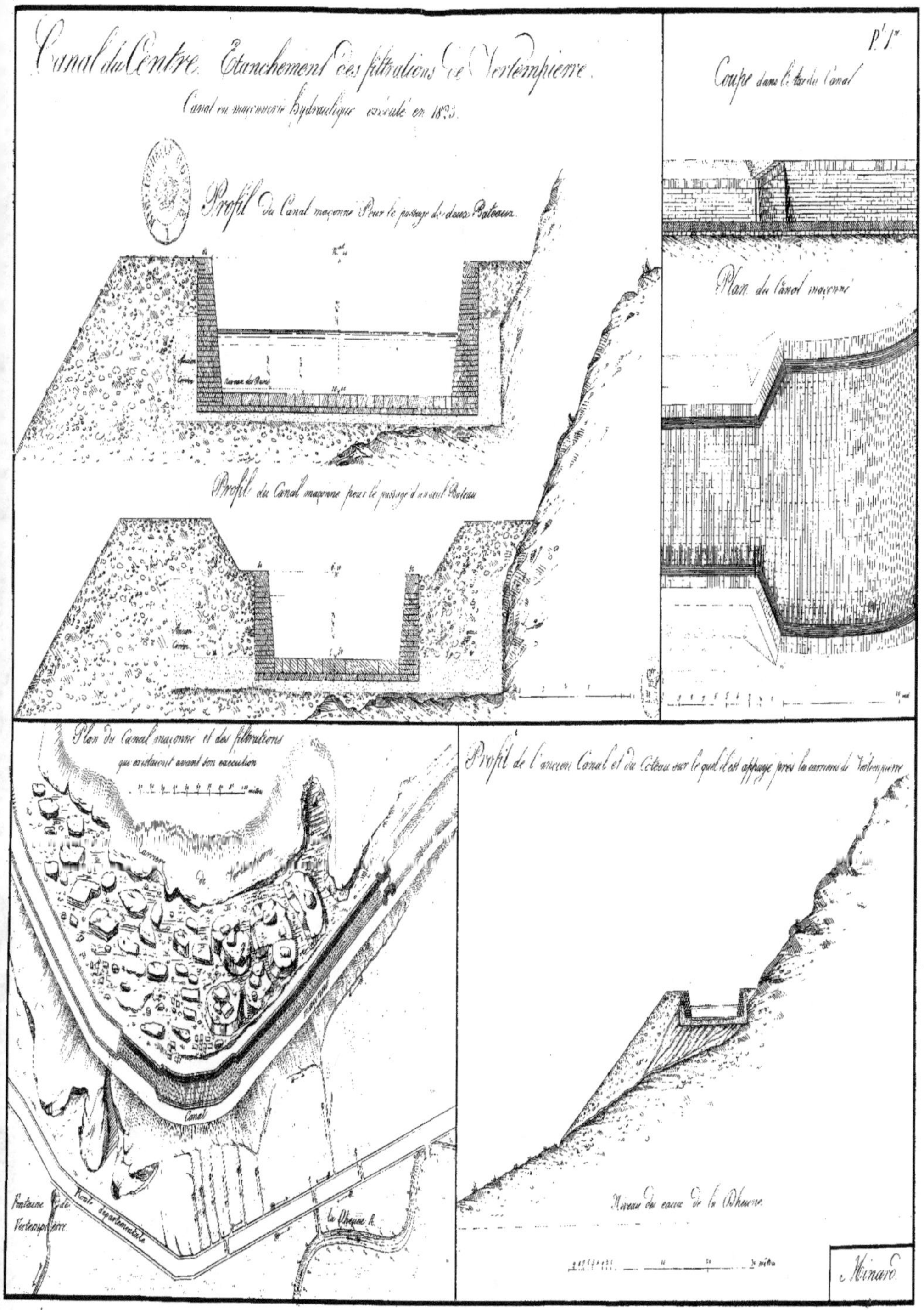

Canal du Centre. Etanchement des filtrations de Vertempierre.
Canal en maçonnerie hydraulique exécuté en 1833.
Pl. 1ᵉʳ
Coupe dans l'axe du Canal
Profil du Canal maçonné pour le passage de deux Bateaux.
Plan du Canal maçonné
Profil du Canal maçonné pour le passage d'un seul Bateau
Plan du Canal maçonné et des filtrations qui existaient avant son exécution
Profil de l'ancien Canal et du Coteau sur lequel il est appuyé près la carrière de Vertempierre
Canal
Fontaine de Vertempierre
Route départementale
la Dheune
Niveau des eaux de la Dheune
Minard